REPORTAGE

# Questions de climat

pemf

Ce livre offre la possibilité de découvrir :

- **côté face**, *Questions de climat* : une lecture documentaire pour découvrir, connaître et comprendre l'actualité sur les changements climatiques ;
- **côté pile**, *Le Voleur de saisons* : une lecture littéraire grâce à un conte traditionnel amérindien sur la lutte du bien et du mal et sur l'union de tous les êtres.

À travers les cinq grands thèmes d'exploration de la collection « **Côté pile, Côté face** » :
Enfants du monde, Métiers, Mythes et légendes, Grandes inventions ou découvertes, Questions d'actualité,
l'enfant apprend à distinguer l'écrit documentaire de l'écrit littéraire, à dissocier le réel de l'imaginaire, à maîtriser sa lecture, en découvrant un thème passionnant au moyen d'un reportage et d'une histoire.

Devenir lecteur, tel est l'objectif de « **Côté pile, Côté face** ».


## Crédits iconographiques

AFP : couverture, p. 1, 2 *(c)*, 15, 16, 17, 18 *(droite)*, 19 – SUNSET/Japack : p. 3 *(a)*, 4 *(1)*, 10 /Picturesque : p. 4 *(2)* /N. Perron : p. 5 *(3)* /Animals Animals : p. 5 *(4)* /E. Pott : p. 5 *(5)* /Claudie : p. 6 *(bas)* /Marge : p. 7 *(haut)*, 12 *(bas)* /J. Warden p. 7 *(bas)* /F. Georges : p. 8 *(bas)* /Cevennes : p. 9 *(bas)* /Weather Stock : p. 21 /G. Lacz : p. 23 *(haut)* /Tony : p. 25 *(bas, droite)* /D. Bringard : p. 27 *(bas)* /Weiss : p. 24 *(gauche)* /Mach 2 stock – EXPLORER/Kraft : p. 5 *(6)*, /Salou : p. 6 *(haut)* /Roy : p. 24 *(droite)*– HOA-QUI/V. Durutty : p. 8 *(haut)* – HOA-QUI-JACANA/P. Roy : p. 20 – JACANA/S. Cordier : p. 9 *(haut)* - HEMISPHÈRES IMAGES/ B. Rieger : p. 11 – DAGLI-ORTI : p. 12 *(haut)* - AKG-IMAGES : p. 12 *(au milieu)* dessin de S. Birmann, 13 *(haut)* – BOYER-VIOLLET : p. 13 *(bas)* – W. Bauer : p. 2 *(b)*, 14 *(haut)* – SYGMA/A. Noguès : p. 14 *(bas)* - GAMMA/P. Rath : P. 18 *(gauche)* /P. Aventurier : p.22, 23 *(bas)* - JERRICAN/Lerosey : p. 25 *(haut)* - BIOS/G. Michel : p. 27 *(haut)* - J.-P. Jaubert : p. 25 *(bas, gauche)*, 26 *(droite)*.

*Conception maquette :*
Sophie Lanciot/Studio Mango

*Recherche iconographique :*
Christiane Franchetti/PEMF

*Imprimé en France par :*
PPO Graphic, Pantin (Oise)

Dépôt légal : mars 2004
N° Éditeur : 2004/10219

QUESTIONS DE CLIMAT
CONTE

# Le voleur de saisons

En mémoire
de Philippe Jacquin,
mon premier guide
en terre indienne

Marie Diaz

Conte amérindien
Illustrations de Marie Diaz

pemf

Au commencement du monde,
l'hiver durait toute l'année au Grand Nord.

Un jour, le vent, qui voyageait beaucoup,
raconta à Esprit Tranquille qu'il avait vu l'été.

« Loin d'ici, vers le Sud, disait-il, l'air est doux
et chaud. Le soleil brille dans le ciel.
Le sol est recouvert d'herbe, de plantes et de fleurs
de toutes sortes. Les arbres abritent des oiseaux
qui chantent la chaleur du soleil. »

Esprit Tranquille était un jeune Indien
respectueux de la terre sur laquelle il vivait.
Aussi ne pouvait-il imaginer d'autres paysages.
Il fut donc étonné d'entendre les paroles du vent
et se mit à penser de plus en plus souvent à l'été.

« Je suis fatigué du froid, de la neige
et de la glace, se dit-il enfin.
Vent voyageur, dis-moi
pourquoi l'été ne vient pas jusqu'ici ? »

Le vent ne répondait pas.

# Sommaire

# Qu'est-ce que le climat ?

1

2

Chaque endroit de la Terre a un climat.

Et les climats varient beaucoup selon les régions.

Ces changements de climat sont dus à l'inclinaison de la Terre face au Soleil.

**1** **D'avril à septembre, l'hémisphère Nord de la Terre est incliné vers le Soleil. L'Europe reçoit par conséquent plus de chaleur, c'est l'été.**

Mais les océans, les montagnes, les éruptions des volcans, les pluies et les vents changent les climats.

Le climat d'une région se définit en mesurant la température, la quantité de pluie tombée, la force du vent et les heures d'ensoleillement.

**2** **L'océan garde la chaleur et, en hiver, il réchauffe la région qu'il borde.**

Mais Esprit Tranquille voulait sentir la douceur de l'été. Harcelé de questions, le vent finit par révéler son secret :

« Ce sont les fauvettes qui apportent l'été, dit-il. Un méchant manitou, Mik'Maq, les a attrapées. Il les a ligotées ensemble et les a suspendues dans son tipi. Il les surveille sans répit, de sorte qu'il leur est impossible de s'évader. C'est pour cette raison qu'elles ne peuvent venir porter l'été jusqu'ici. »

Esprit Tranquille, comme tous les Indiens, sait que les animaux ont une âme. Aussi demande-t-il conseil à Furtif, le lièvre, qui connaît tous les messages cachés de la Terre.

Esprit Tranquille lui raconte le secret du vent et lui demande :

« Veux-tu partir à la recherche de l'été avec moi ? »

Furtif, le lièvre, suggère alors de convoquer un conseil réunissant tous ses amis, les animaux.

Furtif, le lièvre, décide de rencontrer Isatis, le renard bleu qui sait brouiller les pistes et échapper à ses ennemis.

Il lui parle du voyage qu'il prépare avec Esprit Tranquille.

« Isatis, veux-tu partir à la recherche de l'été avec nous ? »

Isatis accepte et propose à Furtif de rendre visite à Œil Perçant, le lynx.

Furtif et Isatis savent que l'aide d'Œil Perçant sera précieuse, car il peut demeurer immobile et observer les mouvements des autres sans être vu, des heures durant, dans ces immenses forêts figées par le gel.

« Œil Perçant, veux-tu partir à la recherche de l'été avec nous ? »

Œil Perçant consent aussitôt.

3 En Europe, les vents d'hiver soufflent du Sud. Leurs courants doux réchauffent nos pays.

4 La pluie tombe quand la température baisse.

5 La montagne, aux températures basses, refroidit la région.

6 L'éruption d'un volcan diminue la température au sol.

6

3

4

5

# Les différents climats

## Le climat océanique

**Où le trouve-t-on ?** le long des côtes bordant l'océan : côte Atlantique de l'Europe, côte Pacifique de l'Amérique du Nord.

**Caractéristiques :** hivers doux, étés frais, pluies fréquentes, mais peu abondantes. L'océan conservant bien la chaleur, il réchauffe l'air en hiver.

**Températures :** en janvier 3 °C et en juillet 18 °C.

**Végétation :** forêts, landes, prairies.

## Le climat méditerranéen

**Où le trouve-t-on ?** en Afrique du Nord, Espagne, sud de la France, Italie, Chili central, Californie, région du Cap (Afrique du Sud), sud-ouest de l'Australie.

**Caractéristiques :** étés secs et chauds, hivers doux et humides.

**Températures :** en janvier 6 °C et en juillet 22 °C.

**Vents :** mistral et tramontane en France.

**Végétation :** forêt clairsemée, garrigue, maquis.

## Le climat de montagne

**Où le trouve-t-on ?** un peu partout dans le monde, là où l'on trouve les principales chaînes de montagnes telles que la cordillère des Andes, les Rocheuses, l'Himalaya ainsi que les Alpes.

**Caractéristiques :** en fonction de l'altitude, la température diminue et les précipitations augmentent.

**Températures :** en janvier - 7 °C et en juillet 12 °C.

**Vent :** le foehn dans les Alpes.

**Végétation :** feuillus, conifères, arbres nains, mousses et lichens.

## Le climat continental

**Où le trouve-t-on ?** Sibérie, Russie centrale et une grande partie de l'Amérique du Nord.

**Caractéristiques :** étés courts et chauds, hivers longs et froids. La pluie et la neige y sont très abondantes.

**Températures :** en janvier, jusqu'à - 30 °C et en juillet jusqu'à 40 °C.

**Végétation :** taïga, prairie, steppe.

## Le climat tropical

**Où le trouve-t-on ?** Sud-Est asiatique, Inde, Brésil, Amérique centrale, Antilles, Guyane, Venezuela.

**Caractéristiques :** alternance de saison sèche avec les alizés et de saison humide avec la mousson qui amène de fortes pluies.

**Températures :** en janvier 25 °C et en juillet 20 °C.

**Vents :** les alizés et la mousson.

**Végétation :** savane, brousse, steppe.

## Le climat équatorial

**Où le trouve-t-on ?** Amazonie, côtes de Colombie et d'Équateur, une partie des îles du Pacifique, Papouasie-Nouvelle-Guinée, golfe de Guinée, une partie du Congo et de l'Afrique orientale.

**Caractéristiques :** chaleur et humidité constantes, pas de saison froide, ciel couvert de nuages.

**Températures :** en janvier 26 °C et en juillet 24 °C.

**Végétation :** forêt équatoriale, dense et toujours verte, arbres pouvant atteindre 40 mètres de haut.

## Le climat désertique

**Où le trouve-t-on ?** Sahara, Arabie saoudite, des régions d'Iran et d'Irak, nord-ouest de l'Inde, Californie, Afrique du Sud et une grande partie de l'Australie.

**Caractéristiques :** saison sèche toute l'année, pluie exceptionnelle.

**Températures :** en janvier 20 °C le jour et 5 °C la nuit et en juillet 40 °C (jusqu'à 55 °C).

**Vent :** l'harmattan, sec et chaud.

**Végétation :** zones de cailloux ou de sable, aride.

## Le climat polaire

**Où le trouve-t-on ?** région polaire nord, océan Arctique recouvert de glace, Groenland et le nord du Canada
et de la Sibérie ; région polaire sud, le continent Antarctique.

**Caractéristiques :** hivers froids, secs et longs (dix mois).

**Températures :** en janvier - 34 °C et en juillet 4 °C.

**Vent :** le blizzard, vent violent et froid.

**Végétation :** sol gelé en permanence et toundra.

# Le climat au temps

Le fjord Geiranger en Norvège est encaissé entre des montagnes de plus de 1 000 mètres de haut.

## La glaciation

Au temps de la préhistoire, d'énormes calottes de glace recouvraient le Canada et les États-Unis jusqu'au site de la ville de New York. Le nord de l'Europe était glacé jusqu'aux îles britanniques.
La Grande-Bretagne n'était pas une île.
L'Asie et l'Amérique étaient reliées.
En Europe, les températures étaient plus froides d'environ 10 °C.

Toute cette eau, stockée sous forme de glace, provoqua un abaissement du niveau de la mer d'environ 120 mètres par rapport au niveau actuel.

## Les traces...

Les glaciers avancent entre cent mètres et un kilomètre par an. La masse de glace est si lourde qu'elle déforme le paysage. Sous son poids, la terre s'affaisse, les montagnes et les vallées s'arrondissent.

Au moment de la fonte, le glacier laisse la trace de son passage sur le paysage.

# de la préhistoire

## ... fjords...

Les fjords sont d'étroites vallées creusées par la glace que la mer a ensuite remplies.

Certains fjords pénètrent jusqu'à 200 kilomètres à l'intérieur des terres et leur profondeur peut atteindre 1 350 mètres.

## ... et lacs glaciaires

Il y a environ 2 millions d'années, les Vosges, en France, étaient recouvertes de glaciers qui ont sculpté des vallées en forme de **U.**

Certaines se sont remplies d'eau pour former des lacs.

Le lac de Gérardmer, d'origine glaciaire, a une longueur de 2 200 mètres pour une largeur de 750 mètres et une profondeur maximale de 38 mètres.

*Voiture de poste sous la neige,* XVIIIe siècle.

La mer de Glace en août 1823...

...la fonte de la mer de Glace actuellement.

# Le climat

**1540 L'été le plus long et le plus sec**

Toutes les rivières qui n'étaient pas alimentées par un glacier ou un lac furent asséchées. Beaucoup de forêts prirent feu. Une grande partie de l'Europe fut couverte d'une brume sèche, émanation des cendres.

L'histoire du climat en Europe montre que les climats varient.

Entre 900 et 1300, une période chaude s'installe sur la Terre. L'été le plus long et le plus sec eut lieu en 1540.

**1708-1709 le pire des hivers**

Tous les fleuves, les rivières, les lacs d'Europe étaient gelés ainsi que la mer sur les côtes de Marseille et de Sète. La température fut de - 16 °C à Montpellier, - 17,5 °C à Marseille et jusqu'à - 26 °C à Paris. Les oliviers périrent de Perpignan à Nice. En France, bien des vignes disparurent. Les céréales manquèrent et le prix du pain augmenta de 500 % en juin 1709.

# de 1500 à nos jours

*La Débâcle, temps gris,* peint par Monet en 1880. Ce tableau montre la fonte des glaces sur la Seine.

**1788-1789** Un des hivers les plus froids

L'Europe entière est touchée. À Paris, la Seine reste gelée 56 jours et la température a été de - 21,8 °C. Le Rhône à Lyon, la Garonne à Toulouse, le Rhin, le lac Léman et la Tamise sont pris par les glaces ou le gel.

Ensuite un lent refroidissement se met en place qui annonce « le petit âge glaciaire » de 1550 à 1850.

Le XXe siècle montre un réchauffement de la planète.

La crue de la Seine, à Paris en 1910.

**Janvier 1910** La crue de la Seine

le niveau de la Seine atteint 8,62 mètres au pont d'Austerlitz, soit 6 mètres au-dessus de la cote d'alerte. L'eau paralyse Paris, les usines sont arrêtées, le métro coupé... les habitants d'Ivry, de Joinville et d'Alfortville, au nombre de 150 000, sont chassés de leurs demeures.

# Pourquoi le

Forêt d'acacias au Sénégal, dévastée par l'avancée du désert.

Mort des animaux, manque de bois, conséquence de la sécheresse au Sahel, ici au Mali.

Actuellement, le climat est plus doux.

Un peu partout dans le monde, les déserts gagnent du terrain. En cinquante ans, le désert en Afrique a progressé de plus de 650 000 km². Mais des pays comme les États-Unis, l'Australie ou même l'Espagne sont aussi concernés.

Le climat varie naturellement, que ce soit au niveau régional ou au niveau de la Terre.

# climat change-t-il ?

Ainsi les grandes éruptions de volcan émettent tellement de cendres et de poussières dans la haute atmosphère qu'elles perturbent le climat mondial.

Or, depuis un siècle et demi, les hommes réchauffent le climat. Les effets sont déjà visibles. Les vingt dernières années auront été les plus chaudes du XXe siècle. La mer monte lentement : de 10 à 25 cm en un siècle. Les glaciers fondent et reculent. Des perturbations climatiques comme El Niño se font plus fréquentes.

Le climat change et cela se voit déjà.

**Après 600 ans de sommeil, le volcan Pinatubo explose en 1991. Les cendres, projetées jusqu'à 40 km d'altitude, sont restées en suspension de longs mois. Le volcan a répandu sur Manille l'équivalent de 71 millions de semi-remorques de cendres. Les hauts nuages de cendres se sont dispersés et ont fait plusieurs fois le tour de la Terre, ce qui a entraîné une diminution de la température.**

# Canicule et sécheresse

Sécheresse de 1976 en France
(le 14 juin, dans la Sarthe).

En 1976, une sécheresse importante s'abat sur la France.

D'octobre 1975 à juin 1976, il pleut deux fois moins qu'en temps normal.

Après une sécheresse, les terrains sont très secs et la pluie ruisselle rapidement dans les rivières. Souvent en automne, de fortes crues apparaissent, inondant les mêmes régions.

Inondations de 1976 en France
(le 10 novembre, à Brives).

## Août 2003, record de chaleur en France

Les 10, 11 et 12 août, les températures oscillent en moyenne, sur l'ensemble du pays, entre 36 et 41 °C.

Le bilan humain de cette vague de chaleur est terrible :
près de 15 000 personnes sont mortes des suites de la canicule, dans les deux premières semaines du mois d'août.

**Le massif des Maures dévasté en 2003. Au plus fort de l'incendie, plus de 2 000 pompiers ont combattu le feu. Trois pompiers sont morts. En 2003, 54 000 hectares de forêt sont partis en fumée en France.**

**Accueil des personnes âgées à l'hôpital Saint-Antoine à Paris, le 13 août 2003.**

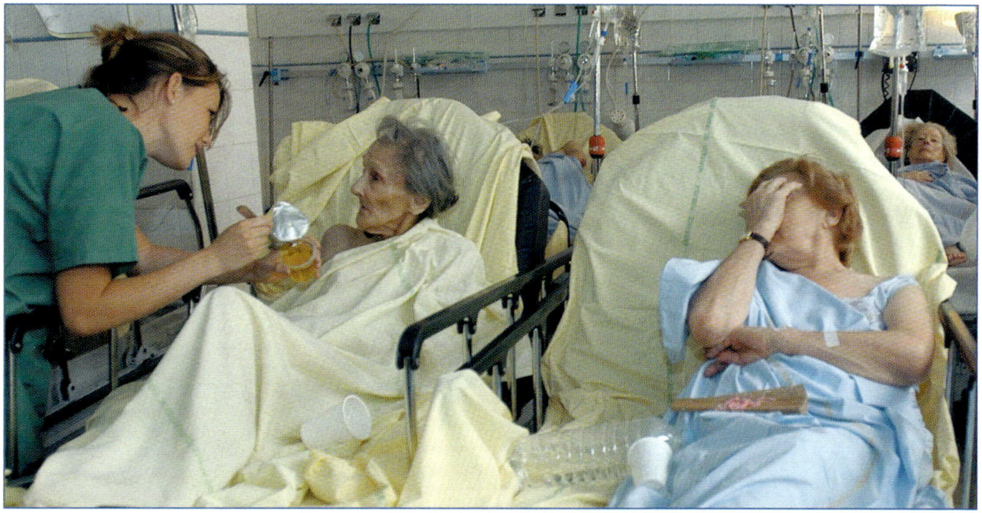

Le bilan est aussi très lourd pour l'environnement :

- plusieurs milliers d'hectares de forêt sont détruits par les flammes ;
- l'agriculture et l'élevage souffrent du manque d'eau ;
- les débits des fleuves réduits mettent en danger plusieurs espèces de poissons ;
- les pics de pollution à l'ozone sont importants.

# Les inondations

À Vaison-la-Romaine, le 22 septembre 1992,
un violent orage provoque la crue de l'Ouvèze : 37 morts.

Au Mozambique, près de 300 000 sans-abri
et environ un million de personnes touchés
après l'inondation en 2000.

Les inondations peuvent entraîner
des pertes humaines et détruire
les habitations, les récoltes et le bétail.

## 2002, une année d'inondations

- en janvier et en février, en Indonésie ;
- en juin en Russie ;
- en juillet et en août, en Asie ;
- en août, en Europe centrale et en Chine ;
- en septembre, en Corée du Sud et en France.

Toutes ces inondations ont fait près de 3 000 morts et 5 millions de personnes évacuées.

**Août 2002, inondations en Chine : 250 victimes, plus de 600 000 personnes évacuées, 27 000 maisons détruites, 8,4 millions de personnes touchées et 415 000 hectares de terres dévastées.**

**Marseille, décembre 2003 : cinq morts et plus de 10 000 personnes évacuées.**

# Les tempêtes

La tempête de 1999. Il faudra des dizaines d'années pour que les forêts françaises retrouvent leur état d'avant la tempête.

Le 26 décembre 1999, des vents, à la vitesse moyenne de 100 km/h, balaient la France sur une largeur de 150 km. À 2 heures, la tempête part de Bretagne pour atteindre Strasbourg à 11 heures. Elle traverse le sud de la Normandie, l'Île-de-France, la Champagne-Ardenne, la Lorraine. À Paris, la vitesse du vent atteint 169 km/h.

Le lundi 27 décembre 1999, une nouvelle tempête traverse la France, accompagnée de vents exceptionnellement violents. Elle touche le sud de la Bretagne, les côtes Atlantiques, puis traverse le sud de la France jusqu'en Corse. À l'île d'Oléron, les vents soufflent à 198 km/h.

Les conséquences sont dramatiques :

- 92 victimes ;
- 3 millions et demi de foyers privés d'électricité ou de chauffage ;
- des millions d'arbres déracinés ;
- des milliers de toitures envolées.

Le montant des dégâts est estimé à 60 millions d'euros.

Une fois réunis, Esprit Tranquille et ses amis,
ouvrent le sac et, dans un grand bruissement d'ailes,
les fauvettes libérées s'envolent aussitôt.
Elles dessinent un nuage mouvant dans le ciel,
se dirigeant vers le Nord.
Leurs cris égaient le silence du soir.

« Enfin, pense Esprit Tranquille,
elles s'en vont chez nous apporter l'été ! »

« Voyez, Mes frères, le printemps est venu ;
la terre a reçu l'étreinte du soleil,
et nous verrons bientôt les fruits
de cet amour ! Chaque graine s'éveille
et de même chaque animal prend vie.
C'est à ce mystérieux pouvoir
que nous devons nous aussi
notre existence ;
c'est pourquoi nous concédons
à nos voisins, même à nos voisins animaux,
le même droit qu'à nous
d'habiter cette terre. »

*SITTING BULL*
*(1831-1890),*
*chef de la tribu*
*des Sioux*

Pour chauffer une maison, on émet avec du fuel : 2,2 tonnes de gaz carbonique, avec du gaz naturel : 1,5 tonne et avec de l'électricité : 0,6 tonne.

*Les énergies renouvelables sont inépuisables ! Fournies par le soleil (avec les panneaux solaires), par le vent (avec les éoliennes), les chutes d'eau, les marées ou encore les arbres, leur exploitation n'engendre pas ou peu de déchets et d'émissions polluantes.*

Entre 1990 et 2000, la surface des forêts a diminué de 2,37 % dans le monde, ce qui équivaut à 94 millions d'hectares, soit 1,7 fois la superficie de la France.

*Les feuilles des arbres transforment le gaz carbonique en oxygène. Ainsi les arbres stockent le gaz carbonique de l'atmosphère. Alors il faut planter des arbres, quand nos forêts sont détruites, et arrêter de détruire les forêts tropicales.*

En 2002, 19 % des Français ont acheté un produit issu du commerce équitable.

*Une agriculture qui préserve la planète est une idée de plus en plus présente en France. Alors, en achetant nos aliments, il est bien de se demander comment ces aliments ont été cultivés.*

Les cyclones sont de très fortes dépressions qui prennent naissance au-dessus des eaux chaudes des océans des tropiques. Ils s'accompagnent de vents très violents et de pluies torrentielles.

L'ouragan George en Floride, États-Unis.

Tornade près de Miami, en Floride.

Les ouragans prennent naissance dans la mer, accompagnés d'orages violents. Ils s'étendent sur des centaines de kilomètres et peuvent durer plusieurs jours. La vitesse du vent atteint parfois 500 km/h !

Les tornades naissent sur terre. Elles ressemblent à un entonnoir. La base du nuage touche le sol et, tel un aspirateur géant, absorbe tout sur son passage.

# Le phénomène

El Niño est un courant chaud qui apparaît dans le Pacifique tous les deux à sept ans.

Les pêcheurs du Pérou l'ont nommé El Niño – en espagnol, l'Enfant Jésus – car il se manifeste le plus fortement à la période de Noël.

Les pêcheurs prennent conscience de son arrivée quand la mer ne contient plus autant de poissons.

El Niño est provoqué par le mouvement d'une énorme masse d'eau chaude, grande comme les États-Unis.

Cette augmentation de la température de l'océan Pacifique joue un grand rôle lorsqu'elle passe de 27 °C à 28 °C.

En effet, à 28 °C, l'eau s'évapore fortement et l'océan baisse d'environ cinquante centimètres. L'eau se transforme en masses nuageuses imposantes, à l'origine de pluies diluviennes en Amérique du Sud.

**Inondations au lac Titicaca en avril 1986, dues au passage d'El Niño.**

# « El Niño »

Ces nombreux bouleversements atmosphériques engendrent des catastrophes naturelles telles que les inondations, mais aussi la sécheresse en Afrique ou en Australie.

Feu de brousse au Kenya, dû à la sécheresse.

L'El Niño de 1997-1998 est considéré comme l'un des plus dévastateurs, ayant provoqué la mort de milliers de personnes.

Inondations au Pérou, dues au passage d'El Niño.

# L'effet de serre

L'élevage extensif est responsable d'émissions de méthane, un gaz à effet de serre qui contribue à réchauffer la Terre.

L'agriculture intensive émet dans l'atmosphère d'énormes quantités de gaz à effet de serre que la planète n'arrive plus aujourd'hui à absorber.

Le sol émet vers l'espace des rayons que certains gaz interceptent et rabattent vers le sol, augmentant ainsi la température. C'est l'effet de serre, qui est un phénomène naturel. Sans l'effet de serre, la température moyenne de la Terre serait de 35 °C plus basse : – 20 °C au lieu de + 15 °C.

Mais depuis le XIXe siècle, l'activité des hommes a augmenté le taux des gaz à effet de serre, entraînant de profonds bouleversements climatiques...

Les émissions de gaz à effet de serre conduiront à un réchauffement de la Terre de 1,4 °C à 5,8 °C d'ici 2100, à une élévation du niveau des mers et à la fonte de neiges et de glaces.

Les industries, les voitures ou le chauffage dégagent du gaz carbonique dans l'air. Or le gaz carbonique, en s'accumulant dans l'atmosphère, emmagasine la chaleur et provoque un réchauffement.

En se décomposant, les déchets papiers et cartons, qui sont mis en décharge, émettent du méthane, gaz à effet de serre.

Les déchets « plastique » donnent du gaz carbonique, gaz à effet de serre, lorsqu'ils sont brûlés.

# Que peut-on faire ?

Chez soi, à l'école, il y a des gestes simples pour atténuer la pollution, préserver notre environnement et conserver le climat de la Terre. Devenons éco-citoyens.

Une télévision en veille toute une journée consomme plus d'énergie que pendant son utilisation.

*Alors il faut éteindre la télévision quand on ne la regarde plus.*

Un sac plastique met plus de 100 ans à disparaître.

*Alors pour faire ses courses, il faut prendre son propre sac.*

Notre eau courante est souvent d'excellente qualité.

*Alors boire l'eau du robinet permet d'épargner à notre environnement les bouteilles en plastique.*

Il faut environ 1 000 arbres pour absorber le dioxyde de carbone émis par une voiture en un an.

*Alors il faut préférer les transports en commun à la voiture, ou le train à l'avion.*

Fou de rage, le manitou essaie d'attraper Esprit Tranquille, mais celui-ci a filé par crainte du courroux de Mik'Maq.

Une poursuite échevelée s'ensuit.

Chasse Neige, le caribou, intercepte le sac dans ses bois avant de le projeter à Croc Malicieux qui le récupère dans la gueule.

Le loup bondit, détale… pour échapper au guerrier et envoie le sac à Furtif qui court très, très vite de toutes ses forces à travers les bois et les champs, le méchant manitou sur ses talons.

Mais tout le monde sait que Furtif est imbattable à la course.

Le guerrier est incapable de rattraper le sac.

Pour détourner l'attention de Mik'Maq,
Esprit Tranquille demande au manitou
le chemin pour atteindre la rivière.

Sans attendre, Isatis file entre les jambes
de Mik'Maq et se glisse à l'intérieur.

Constatant qu'il n'y a personne sauf...
un gros paquet suspendu aux piquets
du toit, sans perdre un instant, il coupe
avec ses dents pointues les liens
qui retiennent le sac au tipi.

Il se met à sauter et à gambader de joie,
quand surgit le méchant manitou.

Il ne faut pas longtemps à ce dernier
pour comprendre ce qui se passe
car les fauvettes, affolées
par le mouvement du sac,
bruissent d'effroi.
Alors Isatis lance par-dessus la tête
de Mik'Maq, le sac à Œil Perçant, le lynx.

Esprit Tranquille, accompagné de ses amis,
se met à la recherche du tipi
du méchant manitou, avec l'intention
bien arrêtée de relâcher les fauvettes d'été.

Après avoir franchi des forêts et des champs
de plus en plus verdoyants,
la troupe d'amis découvre,
à la tombée du jour, un vaste tipi
décoré de grands dessins rouges.

Harfang, le hibou des neiges, survole le tipi
et fait une découverte intéressante :
un sac est bien attaché
au mât du tipi.

Esprit Tranquille et ses amis partent aussitôt
dans la direction indiquée par le vent.

Ils marchent plusieurs jours et plusieurs nuits
et traversent les étendues enneigées de la toundra.

Soudain, la neige fondue laisse apparaître
des plaques de terre et de mousse.
En levant la tête, tous voient briller
le soleil dans le ciel.

Un peu plus loin, de grands arbres
agitent leurs branches feuillues
et les champs sont couverts de fleurs.
Mille chants d'oiseaux emplissent l'air.

« Ce doit être ici le pays de l'été »,
pense Esprit Tranquille.

Mais pour que la troupe soit complète,
le soutien d'un oiseau est indispensable.
Furtif, le lièvre, et ses amis rencontrent
Harfang, le hibou des neiges.
Gardien de la nuit et de la lune,
Harfang peut anticiper les obstacles
et ainsi prévoir l'avenir.
Il décide de les aider.

« Allons vite rejoindre Esprit Tranquille
sous le grand conifère. »

Esprit Tranquille raconte les propos
du vent au grand conseil.

Les animaux, indignés, réfléchissent
à ses paroles :

« Il faut trouver le tipi
du méchant manitou ! crie le caribou.

– Allons délivrer les fauvettes ! dit le lièvre.

– Partons », déclare Esprit Tranquille.

Œil Perçant précise que Croc Malicieux, le loup, doit les accompagner. Ils ont besoin de lui pour son courage et son habileté à la chasse. Chef de meute, il est fort, respecté des animaux et des hommes. Rusé et intelligent, il reconnaît les dangers et protège les siens, en solitaire, pour ne jamais risquer la vie d'autrui.

« Croc Malicieux, veux-tu partir à la recherche de l'été avec nous ? »

Croc Malicieux acquiesce immédiatement, mais souhaite l'aide de Chasse Neige, le caribou. Son soutien sera précieux.

Esprit juste, très respecté, grand voyageur, guidé par son instinct, Chasse Neige sait se déplacer dans les régions boisées, suivant son chemin à travers lacs et rivières gelés.

« Chasse Neige, veux-tu partir à la recherche de l'été avec nous ? »

Chasse Neige adhère à ce merveilleux projet.